Georg Bydlinski

Mit Wörtern kann man vieles machen

Georg Bydlinski

Mit Wörtern kann man vieles machen

Gedichte für Kinder

Mit Buchstaben-Bildern von
Andreas Röckener

Razamba

Die Deutsche Nationalbibliothek verzeichnet diese Publikation in der Deutschen Nationalbibliografie; detaillierte bibliografische Daten sind im Internet über http://dnb.dnb.de abrufbar.

Text: Georg Bydlinskli
Bilder: Andreas Röckener

ISBN 978-3-941725-51-5

www.razamba.de
www.georg-bydlinski.at

Anfang

Wie das Buch sich quält,
weil ihm ein Anfang fehlt!
Wie das Buch sich plagt,
weil ihm das nicht behagt!

Das Buch kann sich nicht selber schreiben,
also lässt es dies auch bleiben.

Drum fisch eine Flaschenpost aus Inn oder Weser,
liebe Leserin, lieber Leser,
und schreib ihre Botschaft schnellstens hier hin,
sonst ergibt das Buch keinen Sinn:

....
....

Zahlengedicht

1 Kirschbaum
steht am Straßenrand
und schaut den Autos zu.

2 Krähen
sitzen oben drauf,
eine heißt Ich, eine Du.

3 Kinder
spielen Fußball
hinter dem Bretterzaun.

4 Ecken
hat ihr Spielfeld,
der Ball ist weiß und braun.

5 Käfer
ganz am Rande
wagen sich jetzt hervor.

6 Schritte
läuft das schnellste Kind,
und alle jubeln: „Tor!"

Buchstabengedicht

Anton hat **A**nna eingeladen.
Sie verkosten Schokoladen.

Benjamin und **B**ea rasen
wie zwei Blitze übern Rasen.

Carla und **C**lemens spiel’n im Schloss,
das der Schlossgeist listig schloss.

Dana und **D**avid versuchen verhalten,
einander an den Händen zu halten.

Ekrem und **E**va spielen Puppe.
Alle anderen essen – **BUCHSTABENSUPPE**!

Die Nacht

Hinter dem Kaugummi-Automaten
wohnt die Nacht.
Dort schläft sie am Tag, träumt,
und wenn sie wegen Helligkeit und Lärm
nicht schlafen kann,
kaut sie Kaugummi.
Sie hat ein Loch
in die Rückwand des Automaten gefressen,
mit ihren kleinen schwarzen,
einsamen Zähnen.

Wenn es dunkel wird,
bläst sie sich auf wie einen Kaugummi
und platzt in unsere Welt.

笑
Laugh
万
雨
友

Die Mutprobe

Ob du mich erkennst?
Ich bin das Schlossgespenst.
Ich hab mich nur verkleidet,
damit keiner unter mir leidet
und Angst vor mir kriegt.
Hast *du* deine Angst schon besiegt,
starker Ritter Stanislaus?
Gut, dann zieh ich jetzt
die Verkleidung wieder aus ...

Guck nicht so entsetzt,
mutigster von allen Rittern!
Hör doch endlich auf zu zittern!!!

Wolkenhimmel

Die dicke Wolke ist ein Wal,
die schmale Wolke ist ein Aal.

Die weiße Wolke ist ein Zopf,
die graue ist ein Katzenkopf.

Die Riesenwolke ist ein Berg,
die winzige ein Zauberzwerg.

Die nächste ist wie Zuckerwatte,
die andre eine Hängematte.

Da würd ich gerne drinnen liegen
und übern Wolkenhimmel fliegen!

Kennst du das nicht?

Durch die Wolken
schießt die Sonne
plötzlich Licht.

So
entsteht auch
ein Gedicht.

Dachboden räumen

Den Dachboden aufzuräumen
ist ein bisschen wie träumen:

Der alte Ball –
wie viele Tore
konnt ich mit ihm schießen?

Der Blumentopf –
die Pflanze drin
vergaß ich zu gießen.

Der Baukasten –
ich hab Paläste gebaut.
Der König war ein Astronaut.

Das Springseil –
es war lang zerschlissen,
später ist es durchgerissen.

Die Kuscheltiere –
ganze Horden.
Für die bin ich zu groß geworden.

Das Licht fällt
durch das kleine Fenster.
Im Lichtstrahl tanzen Staubgespenster ...

Beim Dachbodenräumen
kann ich am allerbesten träumen.

Eis
Eis
Schneefelds
daß ein Schein
Stern des Morgens
Eis
Und mit dem Frührot ihm und mit der Sonne

Der Traum des Ede Enzian

Ich klau vom Turm den Wetterhahn,
damit ich Hühner züchten kann.
So verdiene ich viel Geld
und reise dreimal um die Welt.
Weil ich ein toller Blogger werde,
kennt mich bald jeder auf der Erde ...

Soweit der Traum des schlauen Wichts.
Was ist davon gelungen? Nichts.

Aushang am Rathaus

Gestohlen: der Schatten der Sonnenuhr.
Gestohlen: das Lächeln der Brunnenfigur.
Von den Dieben fehlt jede Spur.
Welcher Affe war das nur?

KURI

Freundschaft

(in Stichworten)

Gemeinsam lernen.
Kummer entfernen.

Aneinander denken.
Kaugummi schenken.

Den andern verteidigen.
Ihn niemals beleidigen.

Witze erfinden.
Wunde verbinden.

Zu Hilfe eilen.
Pizzastück teilen.

Gameboy-Spiel leihen.
Fehler verzeihen.

Ich und du.
Immerzu.

»Ow ow ow owwwwwwwwwwwwwwww«

Experiment

(mit zwei leeren Gläsern)

Gieß deine Gedanken in ein Glas –
ich mache mit meinen dasselbe.
Gedanken voll Trauer, Freude und Spaß,
schwarze, rote und gelbe.

Dann trinken wir: du meins, ich deins,
dann murmeln wir: „Du Klaus, ich Heinz“,
und stellen die Gläser gleichzeitig nieder.
Jetzt sind wir Gedankenbrüder!

Einladung

Wenn du den Zettel wendest,
steht hinten gar nichts drauf.

Wenn du mir Briefe sendest,
mach ich sie sicher auf.

Drum schreib mir auf den Zettel,
dass du mich gerne magst.

Ich hab auch nichts dagegen,
wenn du's persönlich sagst!

Umzug

Als wir weggezogen sind,
war ich ein trauriges Kind:
Alle Freunde blieben zurück
und ich dachte – auch mein Glück.

Als wir angekommen sind,
wurde ich ein neugieriges Kind:
Wo werd ich hier Tore schießen?
Wer wird mit mir Freundschaft schließen?

Beim Dribbeln führt man den Ball im Lauf über den Platz – so lange, bis sich eine gute Gelegenheit zum Abspiel oder zum Torschuss ergibt. Der Ball bleibt eng am Fuß, so dass es für den Gegner möglichst schwierig ist, ihn abzujagen.
sV

Das Match im Zoo

Und wieder rollt der Ball ins Tor.
Keeper Faultier rührt kein Ohr.
Er denkt sich nur: „Wie angenehm, Mann,
dass man aus der untersten Liga
nicht mehr absteigen kann!“

Ende eines Fußballspiels

Der Seehund hat den Ball entführt
und spielt damit im Wasserbecken.
Das Gnu hat Müdigkeit verspürt
und lässt von niemandem sich wecken.
Die dichte Nashorn-Abwehrmauer
ist zum Fressen abgezogen.
Schiedsrichter Papagei, ein grauer,
fliegt davon in hohem Bogen.

Der Biber hat das Tor gefällt.
Adieu, du schöne Fußball-Welt!

So

Apfelbaum
Apfelbaumschatten

Spinnennetz
Sonnenstrahl

Hundeatem
Autohupe

Ist das ein Gedicht?
Warum nicht

Zeitplan

Schule
        Schule
                Schule

Mittagstisch
        Hort
                Sport

Aufmerksamkeits-
                Training

Aufgabe
        Geigenkurs
                Abendessen

Fertig

Nix
      NIX
            ENDLICH NIX!!!

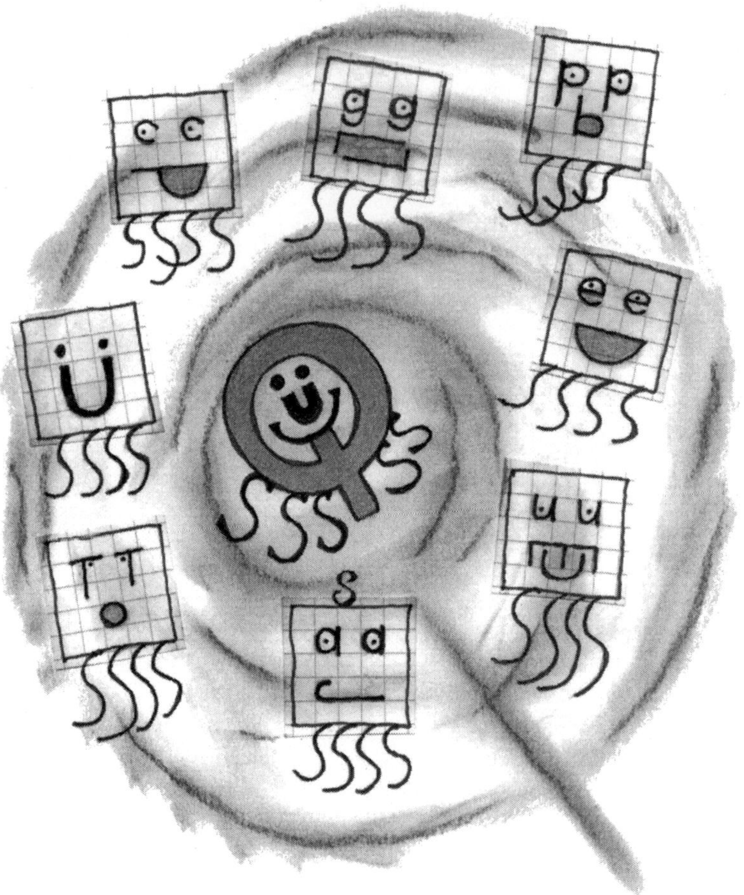

Auszeit

Wenn mir vom Lernen
der Schädel raucht,
dann brauche ich,
was man nicht braucht:
ein Buch,
schon dreißig Mal gelesen,
Fantasie mit Fabelwesen,
die schnurrende Katze
auf meinem Schoß,
einen Barfuß-Schritt
im Moos,
Abendluft
und Blütenduft.

Die Lösung

Wenn du nicht weißt,
was du tun sollst,
komm zum Was-soll-ich-tun-Automaten!
Der weiß auch nicht,
was er tun soll.

Du kannst ihn trösten.

Drei Fernsehstars

Der erste Star:
berühmt geworden
durch seine dreiunddreißig Orden.
Nur hat er sie sich selbst verliehen.
Das haben ihm die Fans verziehen.

Der zweite Star:
Sie kann nicht singen,
aber jodelnd Springschnur springen –
und das siebeneinhalb Stunden.
Mancher hat das gut gefunden.

Der dritte Star
kennt alle Fragen,
doch will er keine Antwort sagen.
Weil er dabei so weise blickt,
ist das Publikum entzückt.

Wirst *du* der vierte Star,
ganz einfach, wie du bist?
Das wäre wunderbar!

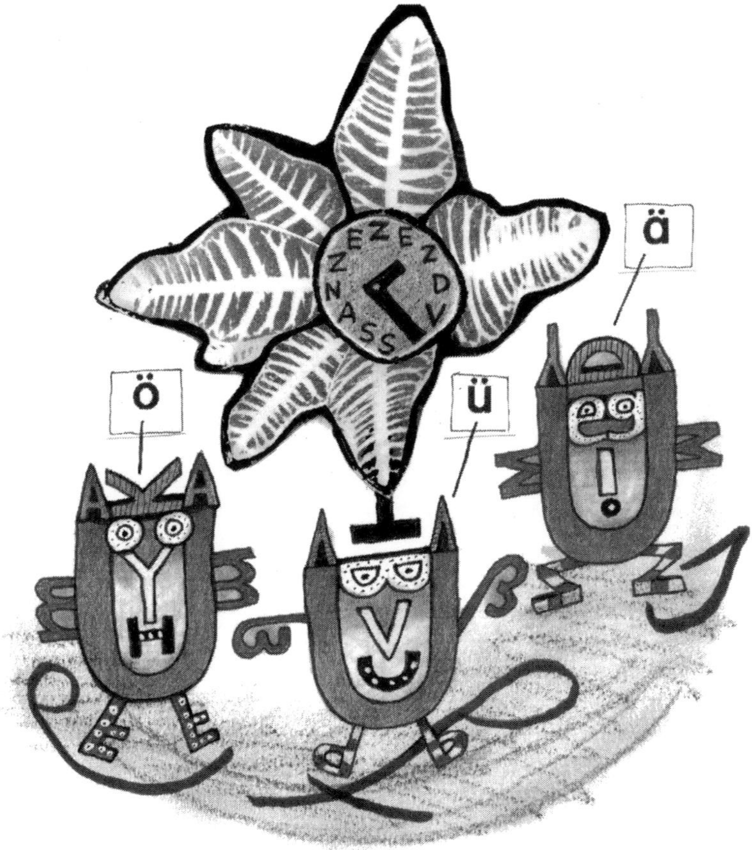
ö
ü
ä

Das Quiz

Wenn sich etwas schlängelt,
gegen Ufer drängelt,
vom Anfang bis zum Schluss,
ist das ein –
FLUSS.

Wenn zwei sich etwas geben,
nicht nur einmal im Leben,
das angenehm schmeckt im Park und im Bus,
ist das ein –
KUSS.

Wenn einer lila Seife preist
und dann den Wildschweinen beweist,
dass jedes Schwein sie kaufen muss,
ist das ein –
STUSS!

Vanillinzucker
HMMM!
VANILLIN
ZUCKER
Feiner Vanille-Mandel-Pudding
Lecker

Katzengedicht

Die Katze ist ein Raubtier,
sie raubt mir meinen Schuh
und spielt mit seinen Bändern
und beißt sie durch im Nu.

Die Katze ist ein Raubtier,
sie stiehlt mir meinen Stift
und spielt mit seiner Kappe
und wirft sie in den Lift.

Die Katze ist ein Raubtier,
sie raubt mir meinen Schlaf.
Wenn ich sie fütt're um halb fünf,
dann ist sie wieder brav ...

Ich liebe meine Katze,
doch es bleibt immer so:
Die Katze ist ein Raubtier.
Die Wohnung ist ihr Zoo.

Hund und Herr

Hund und Herr ist wie Hand in Hand.
Der Hund schnuppert am Wegesrand.
Als er das Stöckchen holt, denkt er sich:
„Was täte mein Herrchen nur ohne mich!“

Der alte Mann wirft das Stöckchen erneut,
und als der Hund sich darüber freut,
es bringt und vor seine Füße legt,
da denkt der alte Mann bewegt:

„Was täte mein Hund nur ohne mich?
Und was täte ohne ihn – ICH?“

An den Mond
Schwester von dem ersten Licht,
Bild der Zärtlichkeit in Trauer,
Nebel schwimmt mit Silberschauer
Um dein reizendes Gesicht.
Wenn der silberne Mond durch die Gesträuche blickt,
Und sein schlummerndes Licht über den Rasen geußt,
Und die Nachtigall flötet,
Wandl ich traurig von Busch zu Busch.
Wann, o lächelndes Bild, welches wie Morgenrot
Durch die Seele mir strahlt, find ich auf Erden dich?
Und die einsame Träne

Strandurlaub

Langsam ins Wasser gehen.
Das Meer leckt mir die Zehen.
Das Meer lockt mich hinein:
das Knie, das ganze Bein,
den Bauch – hui, ist das kalt!
Doch ich gewöhn mich bald.
Jetzt steht's mir bis zum Hals.
Ich freu mich jedenfalls.

Kurz untertauchen – zisch.
Schau her: Ich bin ein Fisch!

Bergwanderung

Wo in der Ferne die Sonne sonnt,
das nennt man wohl den Horizont:
Dort stehen Gipfel dicht an dicht,
verzaubert durch das Sommerlicht.

Hier in der Nähe, am Rand vom Wald,
ist es im Baumschatten noch kalt.
Es riecht nach Pilzen und altem Laub.
Es ist so still, als wär ich taub.

Ich bin nicht taub: kann Leises hören.
Ich will die Waldtiere nicht stören.
Selber ganz still sein ist am besten.
Ein leichter Wind schabt an den Ästen.

Ein Vogel ruft: „Du-du, du-du."
Vielleicht meint er mich. Ich gehöre dazu.

Werbesendung

Waldduftfrisch
auf den Tisch

Neuer Hit:
Knabberfit

Gänsetrank:
trink dich schlank

Frech & kess,
mit mehr PS

Tolle Treter –
zahle später!

Worte-Klauber
Geldabstauber

Fauler Zauber!

Der faule Zauberlehrling spricht

„Ach, hätt ich nur den Dreh heraus –
dann wär der Berg klein wie die Maus.
Dann wär das Wasser Himbeersaft
und Entenküken hätten Kraft.
Dann brächten mir die Elstern Geld
und ich flög hin, wo 's mir gefällt.
Das wäre eine tolle Welt:
Der Hund miaut, die Katze bellt ...“

Der Zauberlehrling hält sein Maul.
Er will nicht üben. Er ist faul.
Das Faulsein tut ihm gar nicht weh.
Und plötzlich hat er *die* Idee:
„Ich hab doch noch drei Wünsche frei –
ich such mir eine Fee!“

Zaubersprüche

Hokus pokus Krokodil,
mach mich fit fürs Gameboy-Spiel,
dass ich wie der stärkste Mann
jeden Endboss fangen kann!

Hokus pokus Zaubertroll,
mach den Handy-Akku voll,
denn ich will mit Lilli chatten
(mit der ganz besonders netten)!

Hokus pokus Haselmaus,
schalte mir das Navi aus,
lösche Strecke, Zeit und Ziel,
weil ich anderswohin will!

ሹቃትን ቤት ጽሕፈታትን ብሰዓቶም ይከፈቱቢሮክራሲ ዝምልከት ክንርእይ ከለና
ብሰዓቶም ይእፀው። ንእብነት ቤት ጽሕፈታትጀርመን ዘሎ ቢሮክራሲ ዝተሓላለ
ዝተኸፈቱ ሰዓታት («ኦፍኑንዛይትን») ሰዓት 4
ድሕሪ ቀትሪ ይዓጽዉ እንተኾይኖም ናብቲ ቤት

Gegen-Zauber

Nimm den Harry Potter,
bestreiche ihn mit Dotter
von einem Straußen-Ei
und flüstere dabei:

„Harry Potter,
du glitschiger Otter,
zauber
dich sauber.
Kannst du's nicht,
wasch dir das Gesicht."

Hast du keinen Dotter
von einem Straußen-Ei,
denk dir nichts dabei.
Nimm einfach zwei!

Pech gehabt

Der Räuber Rotzenspotz,
der hat kein Taschentuch.
Der Räuber Rotzenspotz,
der schnäuzt sich in dein Buch.

Das Piratenschiff

Hier kommen vier Piraten,
bereit zu bösen Taten.

Der Erste stibitzt Apfelkerne,
denn er spuckt sie furchtbar gerne.
Der Zweite haut dir auf den Rücken
und will dein Honigbrot verdrücken.
Der Dritte hat zwei zahme Dohlen,
die dir befehlen, Rum zu holen.
Der Vierte rülpst ganz unverdrossen
und schreit heiser: „Hoch die Flossen!“

Wem vor diesen Piraten graut,
der rufe um Hilfe, deutlich und laut!

Der Abenteurer

Ich möcht so gern ein Ritter sein.
Das Mittelalter ist schon aus –
das find ich einfach hundsgemein.
Statt Burg ein enges Reihenhaus!

Ich möcht so gern ein Cowboy sein.
Im Garten ist kein Platz für Pferde,
er ist zu vollgeräumt und klein.
Ich glaub, ich schreib eine Beschwerde!

Ich wär so gern ein Astronaut
und würde zu den Sternen rasen!
Doch lieg ich auf der faulen Haut
und kraul das Fell von meinem Hasen.

Der ist so lieb, wie er jetzt schaut –
er möchte ohne mich nicht sein.
Als Ritter, Cowboy, Astronaut
ließ‘ ich ihn viel zu oft allein!

Die bessere Wahl

Statt Hausaufgaben
Honigwaben.

Statt Schnupfennasen
Osterhasen.

Statt Ohrenschmerzen
Wunderkerzen.

Statt Kohlgeruch
ein Zoobesuch!

Hafermehl Hafer-
grütze Suppentafeln,
Dörrgemüse.

Der verlorene Einkaufszettel

10 kg Brot
Hausschuhe Gr. 107 (rot)
3 Laibe Butterkäse
5 Kartons Schoko-Auslese
1 Badetuch zum Nase-Putzen
1 Sense zum Schnurrbart-Stutzen

„Hast du vielleicht
diesen
Zettel verlorn?“,
frag ich den Riesen.

Ameisenurlaub

Die Arbeit geht mir auf den Geist,
dachte die tausendste Ameise dreist.
Viel besser ist's, wenn man verreist!

Im Urlaub lag sie träg im Gras
und dachte dies und träumte das,
doch machte es ihr keinen Spaß.

Ich werde faul und dick und feist,
dachte die tausendste Ameise meist.
Ich weiß nicht mehr, was Arbeit heißt ...

Drum eilte sie nach Haus zurück,
neunhundert Fuß, ein schönes Stück.
Die andern kannten sie noch – welch ein Glück!

Wolkenstein

Ich habe einen Stein gefunden,
einen weißen, eckig-runden:
oben rund und unten eckig –
und ein ganz klein wenig scheckig.

Er sieht wie eine Wolke aus,
und morgen zeig ich ihn dem Lehrer.
Jetzt liegt er auf der „Mickymaus"
als wolkenleichter Briefbeschwerer.

Der Aufmerksame

(Haiku für Josef Guggenmos)

Wer ins Moos reinguckt,
blickt auch zum Himmel hinauf –
und ins Dazwischen.

Feine Dame

Eine alte Adelstante
(Herzogin und so)
rannte
    rannnte
        rannnnte
            rannnnnte

übern Hauptplatz
    durch den Park

durch die ganze
    Steiermark

schnell aufs Damen-Klo.

Sprachlos

Der Manager Max
hat sein Smartphone verloren.
Sein Mund ist ganz mutlos
und auch seine Ohren.

Sein Kalender ist futsch
und alle Adressen.
Sogar seinen eigenen Namen
hat er vergessen!

Wörter

Mit Wörtern
kann man vieles machen:

jemanden zum Weinen bringen
oder zum Lachen,

eine Lüge erfinden
oder die Wahrheit sagen,

begeistert berichten
oder sich beklagen,

einen Reim erdichten,
einen Scherz erzählen,

jemanden um etwas bitten,
jemandem etwas befehlen,

streiten und sich versöhnen,
singen und tönen ...

Auch noch 1000 andre Sachen
kannst du mit den Wörtern machen.

Ermunterung zum Schreiben

Willst du schreiben, gib nicht auf,
wenn dir etwas nicht gelingt.
Jeder Mensch braucht Training, Übung –
ob er nun dichtet oder singt.

Schreibe, was du siehst und fühlst –
glaub mir, das ist immer richtig!
Geht was daneben, sei nicht verzagt.
Merk dir: Auch der Papierkorb ist wichtig.

Ausklang

(Gartenzauber)

Summen
    Zwitschern
        Schnurren

Leises
    Seiten-
        Umblättern

Georg Bydlinski, 1956 in Graz geboren, ist in der Steiermark, im Rheinland und im Wiener Raum aufgewachsen und lebt mit seiner Familie in Mödling, Niederösterreich. Er studierte Anglistik und Religionspädagogik an der Universität Wien (Mag. phil.) und ist seit 1982 freier Schriftsteller. Unter seinen rund 90 Büchern finden sich die folgenden Kinderlyrikbände: *Der Mond heißt heute Michel* (Herder 1981), *Die bunte Brücke* (Herder 1992), *Wasserhahn und Wasserhenne* (Dachs/Sauerländer 2002), *Ein Gürteltier mit Hosenträgern* (Dachs/Sauerländer 2005), *Wenn mein Computer kläfft, küss ich dein Rechenheft* (Razamba 2014), *Das Gnu im linken Fußballschuh* (Boje 2014) und *Adalbär & Katzarina* (Nilpferd 2015). Für seine kinderliterarische Arbeit erhielt der Autor u. a. den Österreichischen Staatspreis für Kinderlyrik (2001), den Österreichischen Kinder- und Jugendbuchpreis (2005) und den Friedrich-Bödecker-Preis (2012). Das Manuskript zum vorliegenden Band wurde im Rahmen des Josef-Guggenmos-Preises 2018 mit dem Prädikat »Unbedingt veröffentlichen!« ausgezeichnet.

Andreas Röckener, geboren 1956 im Münsterland, studierte nach seiner Tischlerlehre an der Fachhochschule für Gestaltung in Hamburg. Seit 1984 ist er freischaffender Illustrator und Autor. Die Figuren, die er zeichnet, haben oft wundersam skurrile Züge. Andreas Röckener lebt mit seiner Familie in Oststeinbek bei Hamburg. Er illustrierte Bücher für zahlreiche Verlage, u.a. Reclam, Beltz & Gelberg, Ravensburger. Seine Werkliste umfasst mittlerweile 27 Pixi-Bücher für den Carlsen-Verlag, Illustrationen für vier Bände der Pixi-Wissen-Serie, zwei Bilderbücher für den Frankfurter Moritz Verlag. Er illustrierte auch *Das Wirrwusel-Orchester* von Birgit und Georg Bydlinski (Obelisk Verlag). Im Verlag Razamba erschienen seine Illustrationen zum Gedichtband *PRIMA HOL ZOFEN PIZZA* von Martin Ebbertz, sein Kurzgeschichtenband *Der Pinguin mit der Filtertüte* sowie zuletzt *Lisas Mona, 25 alte Bilder mit neuen Geschichten.*

Inhalt

Noch mehr Gedichte von Georg Bydlinski

Klassiker des modernen Kindergedichts wie »Wann Freunde wichtig sind« haben bereits Generationen begleitet. Gespannt warteten junge und alte Fans auf mehr.

Georg Bydlinski: Wenn mein Computer kläfft, küss ich dein Rechenheft
Ab 8 J., ill. von Beate Fahrnländer, 76 Seiten, Klappbroschur, 10,90 € [D] | 11,30 € [A]
ISBN 978-3-941725-27-0

Noch mehr Gedichte für Kinder

Viele Zofen hat die Prinzessin: die Kammerzofe kümmert sich um ihre Kammer, die Zopfzofe bindet ihr den Zopf, die Pizzaholzofe holt ihr die Pizza ...

Martin Ebbertz: PRIMA HOL ZOFEN PIZZA
Gedichte für Kinder. Mit farb. Ill. von Andreas Röckener, 60 Seiten, gebunden, ab 6 J., 15,90 € [D] | 16,40 € [A]
ISBN 978-3-941725-49-2

Noch mehr von Andreas Röckener

Warum lächelt Lisa? Wer ist Mona? Kennst du die »Milky Bar« in New York? Und was erlebten Caspar, David und Friederike auf den Kreidefelsen an der Ostsee?

Andreas Röckener: Lisas Mona
25 alte Bilder mit neuen Geschichten
60 Seiten - 21,0 x 21,0 cm, Broschur, Fadenheftung, 14,90 € [D] | 15,40 € [A]
ISBN: 978-3-941725-50-8